LES

POURCEAUNIAC

OU LA

REVANCHE D'UN RÉPUBLICAIN

———

Typographie Vialelle & Cⁱᵉ, rue du Lycée, 9, Toulouse

1880

LES

POURCEAUNIAC

OU LA

REVANCHE D'UN RÉPUBLICAIN

Typographie Vialelle & Cᵉ, rue du Lycée, 9, Toulouse

—

1880

LES POURCEAUNIAC

OU LÁ

REVANCHE D'UN RÉPUBLICAIN

S'il est une époque mémorable dans les annales de Saint-Sulpice, c'est sans contredit celle où l'abbé Soubrié engagea contre moi une polémique dans laquelle sa réputation d'écrivain a sombré d'une façon si désastreuse. Cependant, je me plais à rendre justice à un ennemi vaincu, M. Soubrié n'est pas un homme dépourvu de talent. Entre lui et mes adversaires d'aujourd'hui on ne saurait établir un parallèle équitable.

Alors, comme en ce jour, trois *immortels* eurent l'idée baroque de se constituer en académie militante, dans le but peu louable de donner un coup d'assommoir à un homme qu'ils croyaient désarmé. Les habitants de Saint-Sulpice connaissent tous l'issue de cette bataille à coups de plume.

« Et le combat cessa faute de combattants. »

Je croyais cette académie morte depuis longtemps, et voilà que tout à coup elle revient sur l'eau plus ardente que jamais. Il est donc vrai que les phénix renaissent de leur cendre ?

Ces phénix sont maintenant au nombre de cinq. Ils ont senti la nécessité de renforcer leur bataillon. J'en nommerai deux seulement. Quant aux autres, puisqu'ils se tiennent prudemment dans l'ombre, je n'ai aucun intérêt à les en faire sortir pour les mettre en lumière. Néanmoins, s'ils veulent entrer en lice, qu'ils le disent. Je me fais fort de leur rendre avec usure coup pour coup, et d'inscrire sur leur *sac* l'étiquette d'*homme de marque*, qu'ils ont cru me donner gratuitement. Pauvres sots ! Ne voyez-vous donc pas que vos outrages ne sauraient m'atteindre ? Ils passeront par-dessus ma tête, pour aller retomber sur la vôtre.

Par conséquent, je n'ai que deux champions à combattre. Deux lances à rompre !.. C'est beaucoup trop sans doute. Mais la victoire ne m'abandonnera pas et me viendra en aide pour châtier mes insulteurs impudents et grossiers.

Ces deux hommes vivent inséparables : Castor et Pollux n'étaient pas plus unis. Là où se trouve l'un, on est sûr de rencontrer l'autre. Ce sont deux Sosies. En comparant leurs aspirations psychologiques à celles que Molière prête à l'un de ses héros comiques, je n'ai pas hésité à prendre pour titre de cet opuscule : *Les Pourceauniac.*

Lorsqu'ils marchent côte à côte, on dirait deux automates mûs par un même ressort. Quand l'un avance d'un pas, l'autre s'empresse d'en faire autant. S'il parle, son écho lui répond soudain, quelle que soit la balourdise qui sort de sa bouche. Mais de ces deux personnalités quelle est celle qui pense? Quelle est celle qui agit? C'est un problème que je me propose de résoudre bientôt. Pour plus de clarté, nommons d'abord chacune d'elles.

M. Rieux : Il est pourvu d'une assez forte encolure ; son front est bas, son visage poilu. Ses yeux sont petits, mobiles ; ils ne permettent pas, enfoncés qu'ils sont dans leurs orbites, de scruter la pensée qui travaille son cerveau. Il est adroit, rusé comme un vieux renard, prudent comme le serpent, avide d'honneurs auxquels il se cramponne avec le désespoir d'un noyé. Il est toujours prêt pour la parade ; il ne se compromet pas, mais il prend un soin extrême à se dissimuler derrière M. Cousin, qu'il pousse bravement devant lui avec le sangfroid d'un Huron. Ainsi protégé par ce *paravent vivant*, il lance impunément contre le trio républicain ses formidables pétarades.... inoffensives, bulles de savon que le vent emporte et crève!

Il blacboule tout le monde, voire même son garde champêtre qu'il a revêtu des fonctions délicates d'exécuteur des hautes-œuvres de la commune. Tant pis pour le valet, s'il fait quelque bévue : le maire, en Pilate habile, s'en lave les mains et sort toujours blanc comme neige. C'est ainsi que, grâce à la fécondité de ses ressources et à la merveilleuse élasticité de sa conscience, il se dégage vite de tout embarras. De sorte que le maire numéro 2 — lisez garde champêtre — devient un bouc émissaire que le maire numéro 1, peu reconnaissant, accable sans vergogne de toutes ses malédictions. Infortuné factotum !.... Et plus infortunée commune !...

M. Cousin est doué d'une organisation physique tout opposée à celle de M. Rieux. Il est fluet ; sa figure ne manque pas de distinction. Son allure frétillante et sémillante dénote en lui une légèreté qui fait précisément le fond de son caractère. Cousin parle sans s'écouter ; mais il aime qu'on prête une oreille complaisante aux fadaises banales qu'il débite. Du reste, sobre de saillies spirituelles, il est poli avec ses égaux, hargneux et arrogant avec les ouvriers qui lui réclament le salaire de leur travail. Trop heureux encore si le noble comte ne les renvoie pas aux calendes grecques !

Et voilà donc ces deux hommes que les habitants de Saint-Sulpice sont condamnés à voir depuis dix ans à la tête d'une municipalité rétrograde, dont l'inertie n'a d'égale que l'incapacité criarde de son président et de son comparse inconscient.

Ils ont mené ensemble la vie à grandes guides et soulevé dans leurs familles d'assez violents orages. Serait-ce déjà le commencement de leur décadence morale et de l'oubli profond de leur dignité ?

Les deux Sosies visaient tous deux les fonctions peu enviables et toujours remplies d'ennuis de premier magistrat. Le plus adroit l'a emporté. C'est donc

M. Rieux qui a enlevé l'écharpe de haute lutte. Il traîne maintenant son compère à la remorque, et il en fait l'instrument docile de ses volontés.

On ne peut douter que le conseil municipal ne ressente le contre-coup de ces sottes rivalités, si désastreuses pour la commune, qui marche cahin-caha, et est loin d'être prospère.

Chaque édile se croit maître de la place : l'un donne un ordre qui ne sera pas exécuté ; un autre, par taquinerie ou par envie, se fait un malin plaisir de contrecarrer ce qu'a prescrit le premier. Un troisième enfin rit de tout et de tous. De sorte qu'administrateurs et administrés sont dans le plus grand désarroi.

Un pareil état de choses ne peut durer plus longtemps. J'espère que les électeurs de Saint-Sulpice sauront faire bonne et prompte justice de ces hommes qui montrent trop peu de souci des intérêts des contribuables, et font, de gaieté de cœur, péricliter les affaires les plus importantes.

Puisque le maire n'aime pas la République, qui est le gouvernement légal du pays, pourquoi continue-t-il d'être son valet ! C'est ainsi qu'il s'exprime lui-même : Je me f... du gouvernement, s'est-il écrié dans un accès de colère bête. Ce qui n'empêche pas ce *matamore* éhonté de ramper auprès de ses chefs hiérarchiques, dans le but d'obtenir pour son fils *une bourse entière* dans un lycée de l'Etat. Tiens ! Et moi qui croyais qu'il l'avait placé dans une jésuitière de Toulouse ! Ah ! ah ! cette volte-face n'étonnera pas ceux qui connaissent le tempérament de notre administrateur. M. le maire, vous vous f..... de la République...

Eh! mon Dieu, partez... Qui vous retient? — Personne, soyez-en certain. Partez; mais partez tous... Nous ne vous pleurerons pas; et si quelqu'un de nous verse une larme... ce sera de joie et de reconnaissance pour ceux qui vous auront chassés du pouvoir. Partez donc, mes bons amis... Partez, et bon voyage!

Ces paroles peu flatteuses ne sont pas à l'adresse de tous les membres du conseil. Parmi eux, j'en connais de très recommandables par leur mérite et par leur aptitude dans les affaires. Ils savent que je ne partage pas leurs opinions politiques, et moi, je n'ignore pas que les miennes n'ont pas leur sympathie. Mais la loyauté nous servira de trait-d'union; et quelle que soit la divergence de nos opinions, un respect réciproque cimentera toujours nos rapports bienveillants d'homme à homme.

Telle est ma profession de foi, que je puis appeler *civique*. Je réclame pour deux seulement le droit d'ostracisme : ils se sont posés en ennemis, je les accepte comme tels. Ce sont MM. Rieux et Cousin.

Il a été longuement question du premier dans ma brochure précédente, intitulée : *Rieux ou le Maire Seize-Mai.*

Electeurs de Saint-Sulpice, la chute de cet homme ne saurait être ni lointaine, ni douteuse. Nous la désirons tous. Nous devons employer toutes nos forces pour atteindre le but que nous nous proposons de poursuivre. La période électorale touche à sa fin. Dans quelques jours, vous allez procéder au renouvellement de votre conseil municipal. C'est alors que je vous engage à redoubler de surveillance; méfiez-vous des câlineries astucieuses du sieur Rieux et de ses poignées de main menteuses. A cette époque, il empruntera à une popularité factice toutes les ruses qui ont de tout temps hanté .son esprit. Vous le verrez faire, avec l'habileté d'un *gymnasiarque* audacieux, les sauts les plus étranges. Il a l'échine si souple, si élastique, qu'il vous étonnera par ses exercices de tremplin. Il vous dira qu'il a toujours été républicain et qu'il le sera même plus que vous... Alors demandez-lui combien de drapeaux il cache dans le fond de ses poches. Il a été légitimiste, orléaniste, bonapartiste... Que sais-je encore? Ce caméléon bipède a changé si souvent de couleur qu'on se demande naturellement quelle est celle qu'il préfère. Il se gardera bien de vous dire à brûle-pourpoint : *Mes amis*, votez pour moi. Mais ses émissaires parleront pour lui. S'ils deviennent trop importuns, riez-leur au nez. Ça vaut mieux que d'en venir aux gros mots ou aux coups de poing. C'est plus sage et surtout plus prudent. Que la discipline soit la règle invariable de vos votes, fermez l'oreille à tout conseil d'insubordination. Et quand sonnera l'heure du scrutin, levez-vous comme un seul homme, sans vous laisser intimider par une pression malhonnête quelconque. Si, comme nous l'espérons tous, le succès couronne nos efforts, nous saluerons notre triomphe au cri de : Vive la République !

J'arrive au second de mes adversaires qu'un malentendu vient de me jeter à l'encontre d'une manière si inattendue. Qui l'a poussé dans une aventure, qui tournera — je le jure ici d'avance — à son détriment et à sa confusion ?

Il a commencé maladroitement une attaque dont il n'a prévu ni calculé l'issue. Je la repousserai de toutes mes forces. Il a agi avec une telle légèreté qu'on ne peut même pas lui accorder le bénéfice des circonstances atténuantes.

Il se plaint amèrement des paroles peu gracieuses, c'est vrai, qu'on a écrites dans le *Patriote albigeois*. Mais il était très-facile d'en connaître l'auteur ; et alors il eût pu se convaincre que je suis entièrement étranger à la rédaction incriminée.

On l'a appelé, si j'ai bonne mémoire, « *ruine aristocratique.* » La réplique ne s'est pas faite attendre ; et je crois sans peine que M. Cousin n'en est pas l'auteur. Mais il est allé la faire insérer dans le *Nouvelliste d'Albi*. Il est par conséquent le complice de quelques hommes, dont l'intelligence étroite se traîne dans l'ornière de la médiocrité.

C'est dans un conciliabule secret, tenu dans son cercle, qu'a été arrêtée la teneur de l'article ; et M. Cousin est allé prier le rédacteur Escande de développer ce morceau d'éloquence du style le plus élevé.

Quoi ! Ils sont cinq... six, peut-être ! Et nul d'entre eux n'a la capacité suffisante pour rédiger un article de quelques lignes ? O ignares et incapables personnages ! O trop bruyants descendants de maître Aliboron, vous vous êtes adjugé le rôle peu enviable de braire et de ruer. Ma foi, chacun prend son plaisir là où il le trouve... Eh bien ! quand laisserez-vous donc tomber vos masques ?... Mais non, gardez-les ; car, malgré vous, vous laisserez toujours percer le bout de vos oreilles.

» Par ces quelques mots, M. Cousin doit comprendre que je connais les noms des immortels grotesques qui composent son entourage.

Avant de déchirer le voile derrière lequel s'abrite sa noblesse, que M. Cousin me permette de revenir sur les faits qui remontent au 14 juillet de cette année.

Le lendemain de la fête, et avant mon départ de Saint-Sulpice, j'ai écrit au *Patriote albigeois* la lettre suivante, qui ne fut pas insérée :

« C'est fait ! Le jour de la fête de la France, tout le clan des réactionnaires a tenu à honneur de protester à sa manière contre l'anniversaire mémorable du 14 juillet 1879. M. le préfet a eu beau donner des ordres à tous les maires de son département pour célébrer dignement cette fête nationale, notre satrape n'a pas même convoqué son conseil.

« Obéissant à des suggestions malsaines, il s'est dérobé par la fuite à toute responsabilité. Il est parti, en laissant la commune aux mains de son adjoint et du garde champêtre. Disons-le tout de suite, cette gaminerie de mauvais goût a soulevé l'indignation de toute la population ouvrière. Mû par un reste de pudeur, le garde champêtre a arboré un modeste drapeau et allumé sur chacune des fenêtres de la mairie des lampes dont une seule brûlait d'une flamme douteuse.

« A quoi attribuer tant de tiédeur ? Est-ce à la pénurie d'argent ? — Je ne le crois pas. Car autrefois le conseil municipal a su trouver dans son coffre assez d'argent pour payer les lampions, lorsque l'évêque fit sa tournée pastorale. Alors la ville fut jonchée de fleurs et pavoisée de riches drapeaux aux armes du pape. *La maison du maire ne fut pas la moins élégante.* Elle resplendissait de lumières.

« Dans ce jour de sainte allégresse, la France seule fut oubliée. Les cléricaux nous ont bien prouvé que leur patrie est à Rome ; car ils ont vu passer d'un œil indifférent l'anniversaire de la prise de la Bastille sans adresser un souvenir de reconnaissance à ces héros obscurs qui ont brisé le dernier rempart du despotisme et de l'arbitraire. Gloire à vous tous ! Les bons patriotes saluent en vous la régénération de la patrie par le flambeau de la liberté naissante.

« Et vous, légitimistes... Et vous, orléanistes... Et vous aussi, bonapartistes, qu'une chaîne néfaste rive à un cadavre en pourriture, vous refusez aveuglément de suivre le courant républicain qui vous entraîne ! Insensés ! En vain vous voudriez faire remonter à sa source le flot qui monte et vous submergera, vous serez forcés tôt ou tard de vous rallier au drapeau de la République.

« E. BASTIDE. »

Quelques jours après, le rédacteur du *Nouvelliste d'Albi* a inséré, en réponse à cette lettre, dont on ne donna que des extraits, un article en apparence anodin, mais en réalité rempli de fiel et de grossièretés inconvenantes. Immédiatement, j'écrivis à M. Escande la lettre de rectification suivante :

« Monsieur le Rédacteur,

« Votre journal du 24 juillet est venu me trouver à Ussat. En le lisant, j'ai été grandement étonné de voir que la Société des Frères-Cafards de Saint-Sulpice vous a donné sciemment sur mon compte des renseignements faux.

« Je suis natif de Lavaur ; et il y a plus de quinze ans que j'habite cette ville. Personne, je pense, ne me refuserait des lettres de naturalisation, si je les demandais. Donc — et ici la logique est forcée — je ne suis pas un *étranger* pour Saint-Sulpice, où, je puis le dire sans forfanterie, j'ai rendu quelques services comme médecin. Je livre ces quelques réflexions à la sagacité du jeune *mainteneur* de la docte Compagnie.

« On peut fouiller dans ma vie publique, on n'y trouvera pas une seule tache. Alors, on sera bien forcé de s'incliner devant cet homme de *marque*, qui est arrivé sans défaillance à la fin d'une carrière qu'il saura faire respecter.

« Tel est, monsieur, le caractère de l'homme que vous appelez ironiquement le coryphée de la bande. Vous verrez plus tard que le trio républicain s'est considérablement multiplié. C'est ce que les élections prochaines se chargeront de vous démontrer.

« Agréez, monsieur, l'assurance de ma parfaite considération.

« E. BASTIDE. »

Ainsi, je n'ai jamais écrit nulle part dans ma lettre que vous étiez une ruine aristocratique. Si vous doutez de ma véracité, je vous autorise, M. Cousin, à vous faire livrer mon nom par le rédacteur du *Patriote*.

En définitive, vous croyez voir une insulte là où elle n'existe pas. A votre place, j'en eusse ri, au risque de me désopiler la râte. Mais, vous, vous commencez par pousser des cris de paon. Vous avez ensuite recours à la presse que vous faites confidente de vos défaillances, et qui envenime la querelle en changeant en certitude ce qui n'était d'abord qu'un soupçon. Or, il est arrivé ce qui pouvait être prévu..... Vous avez accusé trois républicains qui ne pensaient même pas à vous. On nous appelle *hommes de marque*... Tant pis pour vous ! Si vous aviez agi avec plus de prudence et de circonspection, vous ne seriez pas maintenant sur la sellette brûlante que vous vous êtes préparée vous-même.

Parlons actuellement de votre noblesse, dont il me sera aisé de déterminer l'âge. Votre généalogie ne remonte pas bien haut. On compte tout au plus quatre ou cinq générations. Votre nom patronymique est Cousin. La souche de votre famille n'est pas très éloignée de Saint-Sulpice. Il existait à Lavaur un certain Cousin, gérant une boutique d'épicerie. C'est là votre premier ancêtre.

Il est probable — ce qui n'est pas impossible — que, pour se conformer au précepte biblique, votre aïeul a engendré et multiplié sa race. Alors les Cousin, voulant éviter toute confusion de personnes, ont dû prendre, l'un un nom de terre, l'autre celui d'une ville. Un troisième partit pour Castres, où nous le retrouverons tout à l'heure. C'était votre grand-père.

Comme on le pense bien, je ne veux pas suivre la famille Cousin dans ses migrations et dans sa Genèse, qu'il me suffise, monsieur, de vous dire que vous aviez un parrain — vous ne l'avez pas oublié — qui avait un emploi dans la marine militaire. Il se fit appeler *de Lavallière*, du nom d'un domaine situé sur les rives du Tarn. Ce domaine appartient maintenant à M. Gary, propriétaire aux Pujades. Lui aussi aurait le droit incontestable de s'adjoindre votre nom ; il serait aussi noble que vous.

Quand votre parrain fut mort, le nom prolétaire de Cousin fut bel et bien biffé des tablettes de votre famille ; et vous avez continué de porter, sans conteste, celui dont vous êtes si fier. Parbleu ! votre père était bien certain que le défunt ne viendrait pas lui intenter un procès d'outre-tombe.

Cependant, malgré les documents authentiques qu'on m'a fournis d'un peu partout, j'ai voulu m'assurer par moi-même si des temps plus reculés pouvaient m'offrir quelque chose de plus. J'ai donc butiné dans l'histoire de Saint-Sulpice sans trouver le moindre vestige de votre famille. J'ai dans ce moment sous les yeux la longue liste des seigneurs de cette ville. *Les Flamen furent seuls seigneurs aux Valhières et autres lieux.*

Aux seizième et dix-septième siècles, on voit surgir les Cousin, officiers subalternes du seigneur de Villelongue. Ils étaient chargés d'appréhender au corps les bandits, les coupe-jarrets et autres honnêtes gens de même acabit. En d'autres termes, les Cousin étaient des gendarmes, menant gaillardement de front, autrefois comme aujourd'hui,

« L'honneur, la bouteille et l'amour. »

Au surplus, je vous assure franchement que, si j'étais possesseur de quelques titres de noblesse, chartes, parchemins, je les livrerais sans scrupule aux flammes, ou bien j'en ferais la litière de mes chevaux.

Car vous n'ignorez pas que, dans la nuit du 4 août 1789, l'Assemblée nationale décréta l'abolition de tous les titres, droits et exemptions, les servitudes personnelles, les justices seigneuriales, etc. Par conséquent, brûlez vos titres, brisez votre blason, ils ne valent pas un *fétu* de paille.

Je pourrais clore ici ce débat par une anecdote assez plaisante, qui vous apprendrait par quel mécanisme ingénieux et simple le titre de *Comte* s'est glissé discrètement dans les bans de mariage de votre père. Mais ce serait de ma part une irrévérence insigne. J'aime mieux ne pas en parler.

Pourtant, voici une pièce authentique qui m'arrive à la dernière heure. Je la livre sans commentaires à l'appréciation du public ; elle ne fera que confirmer mon opinion sur l'origine plébéienne de M. Cousin :

MUNICIPALITÉ
DE NARBONNE

—

« Nous, maire et officiers municipaux de la commune de Narbonne, département de l'Aude, certifions à tous qu'il appartiendra, que Mme Gabrielle Desorgue, veuve de M. Cousin-Lavaillère, et la demoiselle sa fille habitent actuellement l'empire français, et qu'elles habitent en cette ville depuis la fin du mois dernier.

« En foi de quoi, nous lui avons délivré le présent certificat, auquel nous avons fait apposer le sceau de la municipalité. »

A Narbonne, le 11 mars 1792.

Pour copie conforme :

MERLAC, maire.
ARTHOSON, officier mun.
ENJATRIX, offic. munic.
BOUISSET, substitut du
secrétaire-greffier.

Soyez donc tout ce qu'il vous plaira, monsieur Cousin, duc, marquis, comte ou baron, je puis vous assurer que ça me touche peu ; que les affaires des autres, et plus particulièrement les vôtres, me sont tout à fait indifférentes.

Maintenant résumons ce que nous venons de dire. M. Cousin, vous êtes bien persuadé que les expressions mordantes, acérées, « ruiné aristocratique, » peuvent bien ne pas être à votre adresse, puisque le luron qui les a écrites ne vous nomme pas.

L'académie des doctes cafards, en vous confiant l'article du *Nouvelliste*, vous a fait jouer le rôle du porteur de reliques du bonhomme Lafontaine. J'admire votre dévouement, mais je plains votre naïveté. Que diable alliez-vous donc faire dans cette maudite galère ?

Si, avant d'aller à Albi, vous aviez lu attentivement ce remarquable libelle, vous n'auriez pas été dupe de la duplicité de vos amis. Il fallait d'abord vous demander ce que c'est qu'un homme de marque. Vos collaborateurs hypocrites ne l'ignorent pas. Ils savent aussi qu'en se servant d'une autre appellation : « *homme marquant*, » par exemple, ils auraient gonflé d'orgueil le cœur d'un prolétaire. Mais ce n'est pas ce qu'ils voulaient : *homme de marque* faisait mieux leur affaire..... Ils étaient trop heureux de me jeter au visage la buée de leur bave puante.

Charlemagne fut un homme marquant. Cartouche, Napoléon III, Lacenaire sont des hommes de marque. Celle-ci est une expression de mépris, l'autre indique la grandeur, la noblesse de sentiment.

Les républicains insultés ne sont pas des Charlemagne, c'est vrai ; mais ils n'appartiennent pas non plus à la catégorie des bandits, des assassins et des traîtres, comme semble le faire accroire la lettre des Frères-Cafards.

Certainement l'avocat qui a présidé à sa rédaction a fait preuve de beaucoup d'adresse. Il a su éviter deux écueils : la diffamation et la polissonnerie.

Le public, bon juge en cette matière, ne s'est pas lmépris... Et je ne me suis pas trompé moi-même sur la véritable intention des écrivains. Mais, ils ont manqué leur but... Ne savez-vous donc pas, Frères-Cafards, ce que l'on fait quand on rencontre sous ses pas des bêtes venimeuses? — On les écrase... Et on crache dessus. Voilà mon dernier mot en réponse à l'insultante locution d'homme de marque... Ne l'oubliez pas!

Que voulez-vous? Je suis un peu chatouilleux quand de vilains goujats, dont quelques-uns sont tombés dans le domaine de la chronique publique, ont, de propos délibéré, essayé d'entacher mon honorabilité.

J'ose espérer que mes lecteurs seront indulgents et qu'ils me pardonneront la grossièreté de mon langage, que j'ai dû mettre à l'unisson de celui de mes adversaires, en descendant pour un instant à leur niveau.

Je termine ; M. Cousin... il doit vous tarder... Et à moi, donc? Si vous croyez que ma riposte aux Frères-Cafards a dépassé la mesure des convenances et de la courtoisie française, je vous en fais mes sincères excuses. Néanmoins, si je vous ai trop malmené, ne vous en prenez qu'à vos amis, à vous-même et à votre cornac.

E. BASTIDE,

Docteur-médecin.

Imp Vialelle et Cie